KB076890

윤코 Sketch Book Nude Croquis

그리고 벗다

윤코, 곽윤환 지음

북란손

NUDE
CROQUIS

Pencil
Drawing

Paper, 2 minute pose drawing

2017. 6.
Yun

2018. 7.

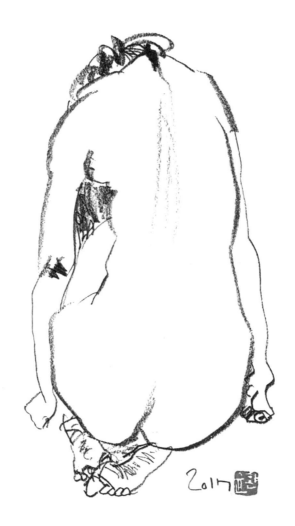

2017

2016.11.18
yunko

2018.7.14
yunko

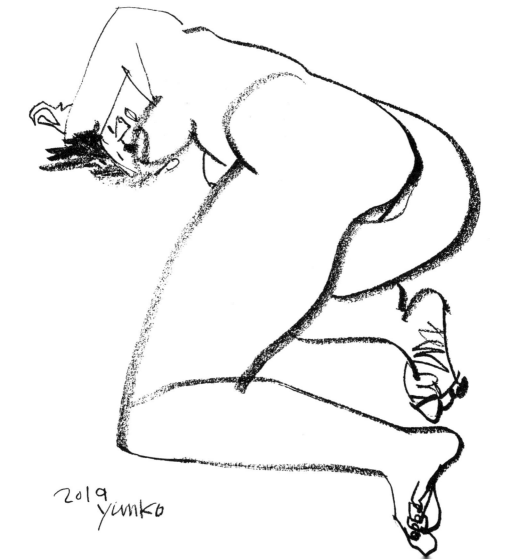

2019 yumko

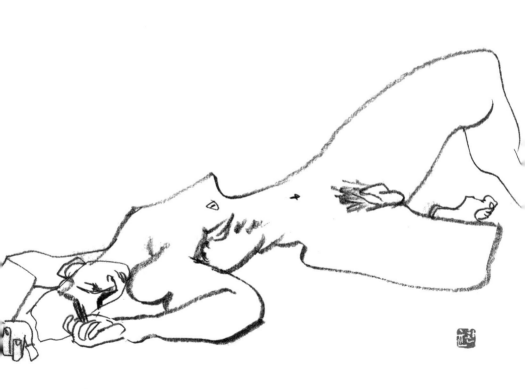

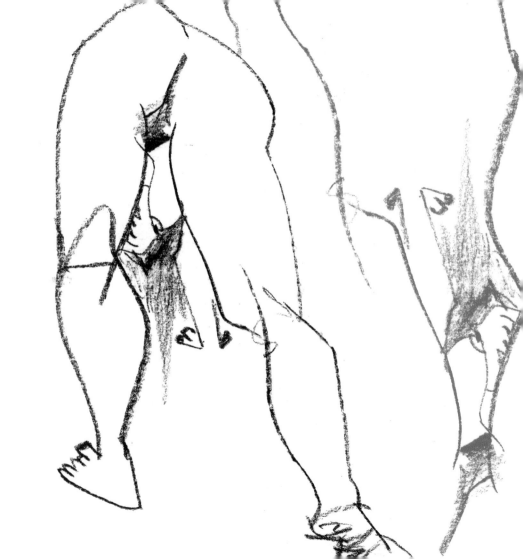

**before
sleeping**

Upside down
view

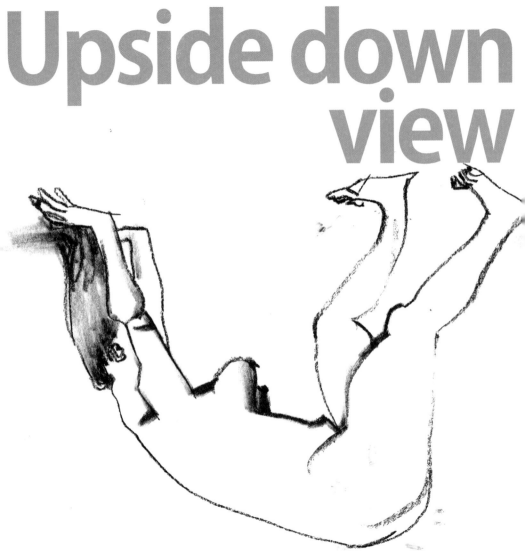

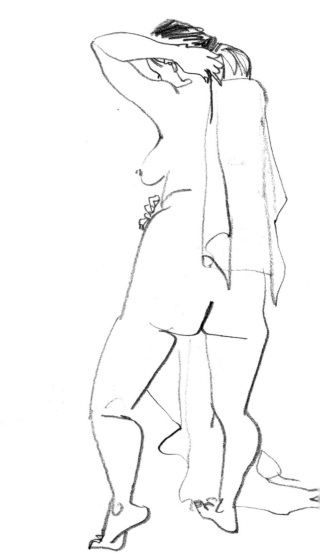

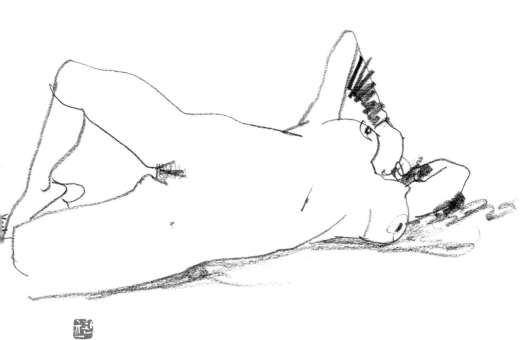

2019

2019

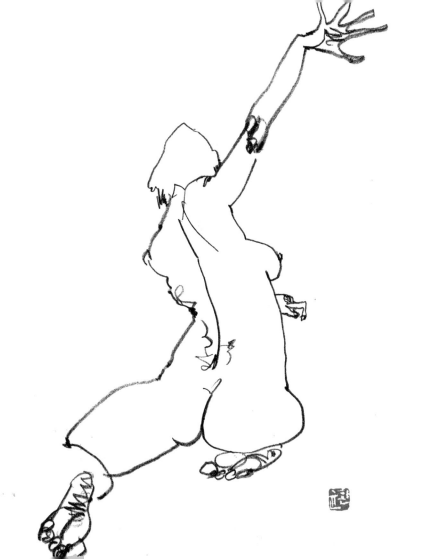

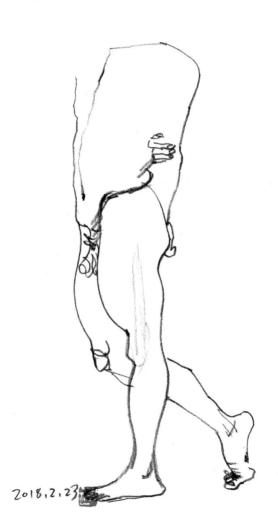

2018.2.23

視善

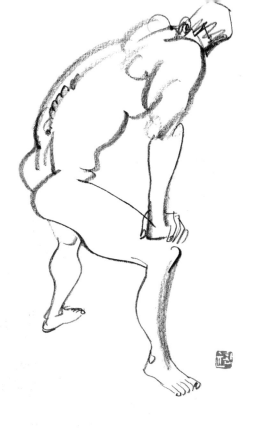

2019
윤[seal]

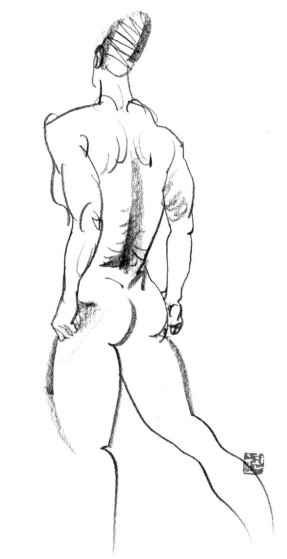

2014

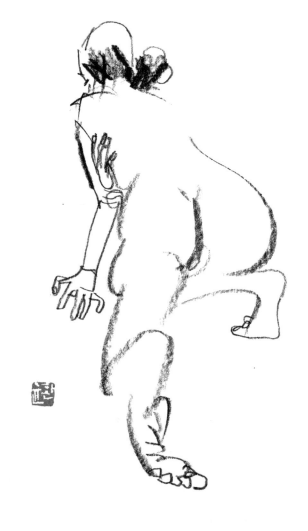

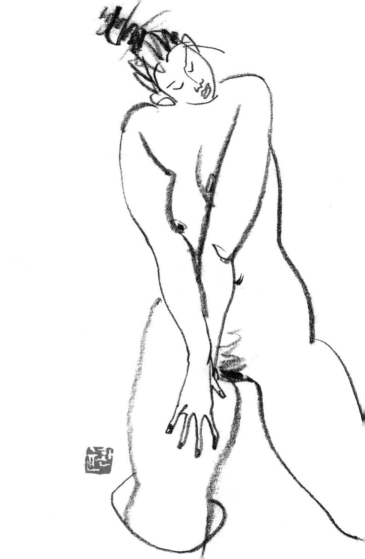

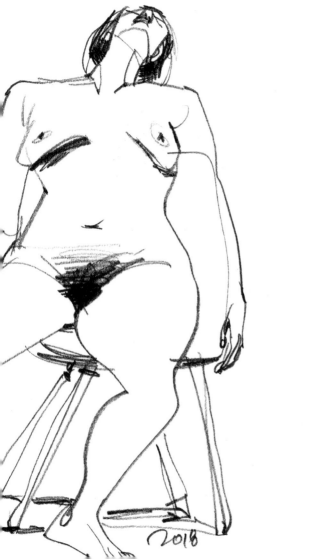

2018

2018.7.18
Yunko

2018. 7. 18
yunko

2018.1.18
Yumko

2016.7

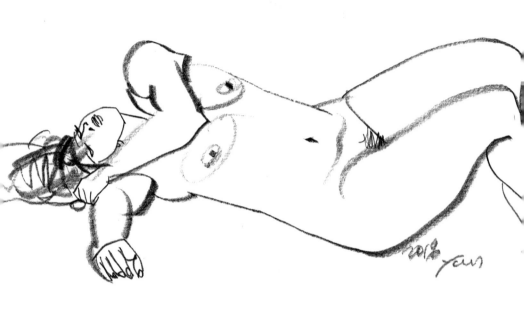

2018 Yun

2018.1. Yunko

2018月.18.Yunko

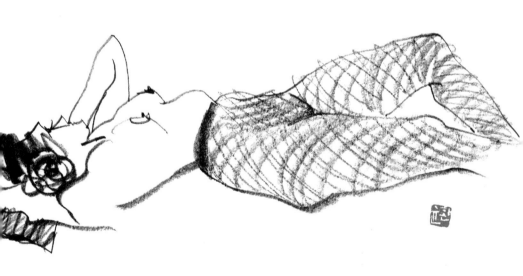

2015.1.25

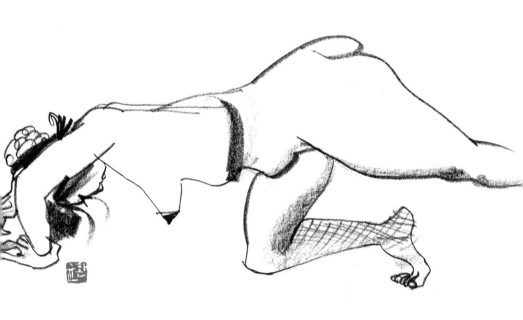

Pen & Watercolor
Drawing

Paper, 3 minute pose drawing

2017. 9. 8

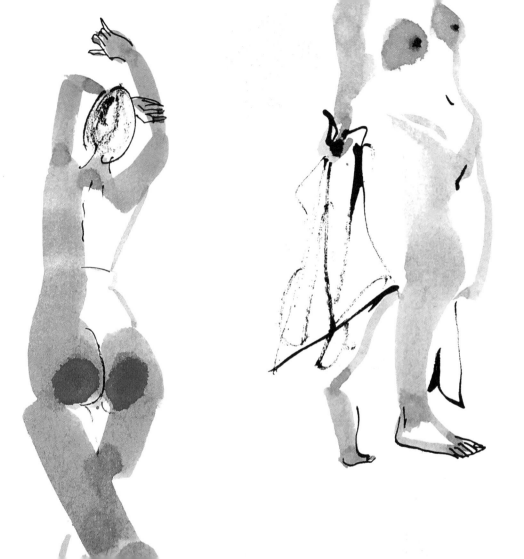

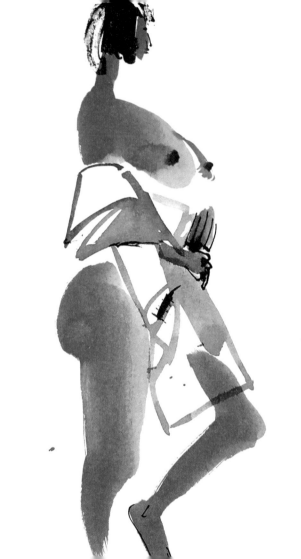

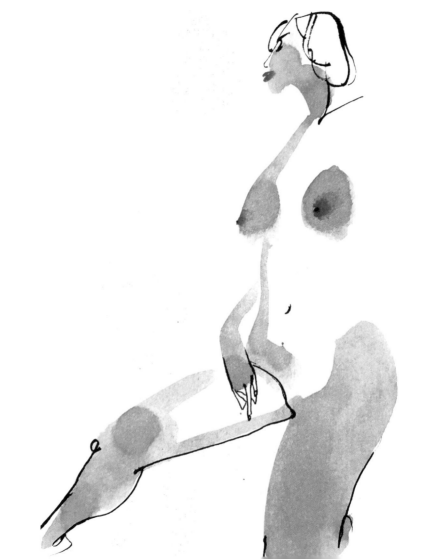

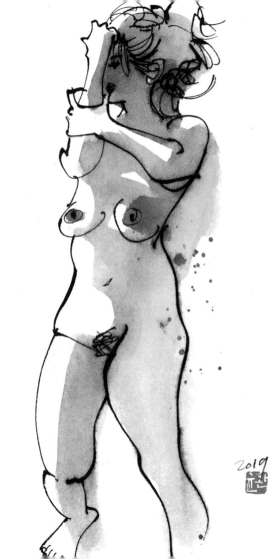

2019

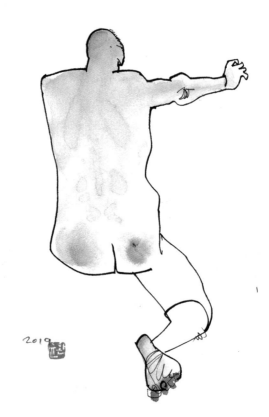

2019

2019

2019.5

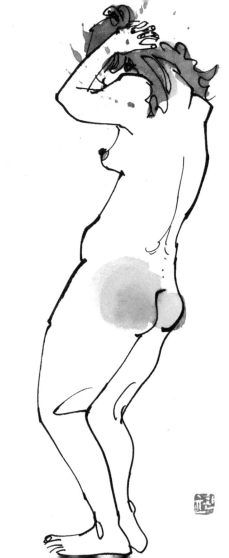

2019. 6. 14
윤코

2019

2019. 6. 14
윤코

2 0 1 9 , 6 , 14
윤코

2019. 6.14

2019. 6. 14
윤곤

2019.6.14
윤근

2019.6.14
유리

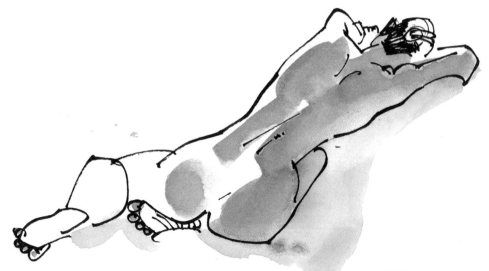

2016.5.正仁

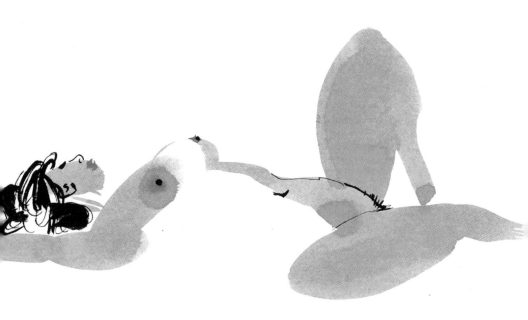

2017. 7. 15

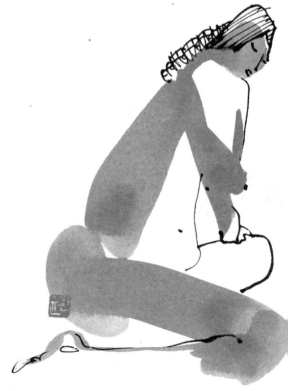

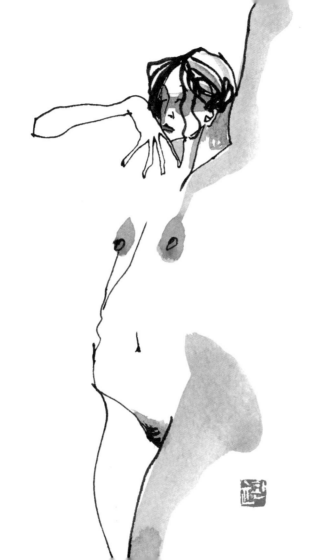

水墨,淡彩
Watercolor
종이 & 한지

2019

2018.10.10
yunko

2019

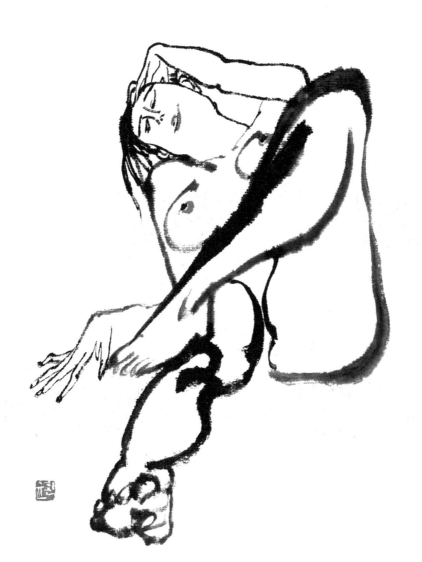

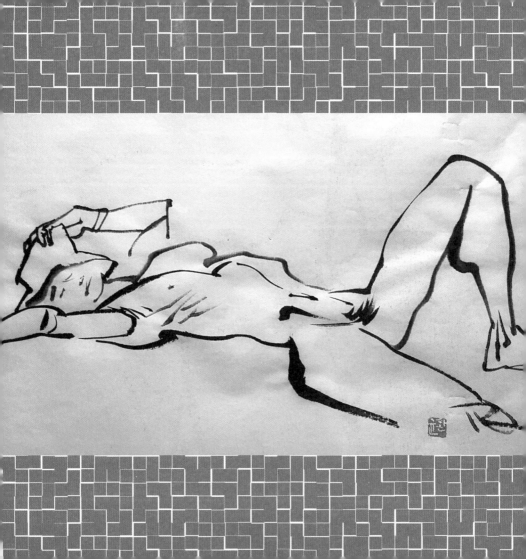

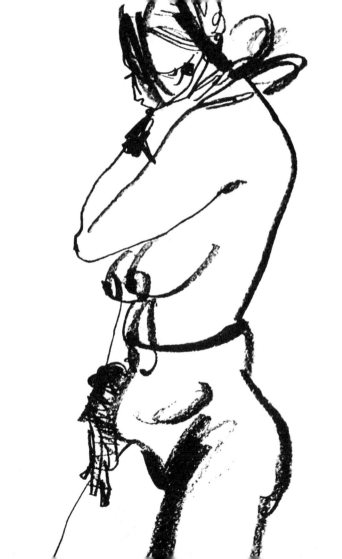

2014.9.13 현신

2014. 8.11 ^
윤환 곽윤환

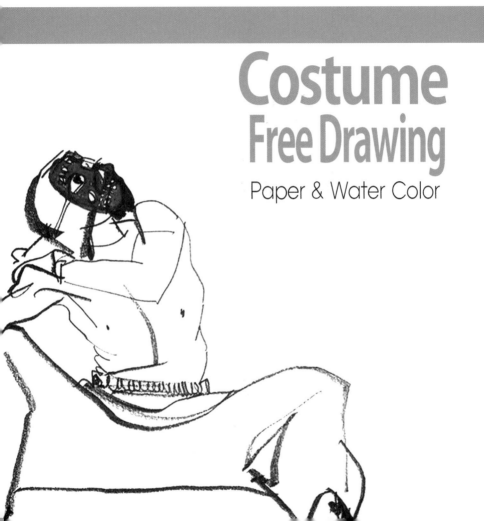

Costume
Free Drawing
Paper & Water Color

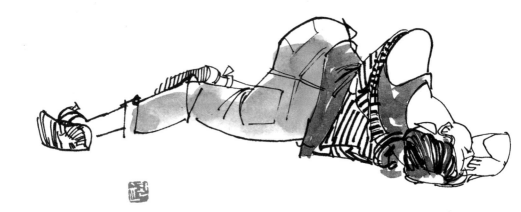

2019.9.16
Yunko

2019

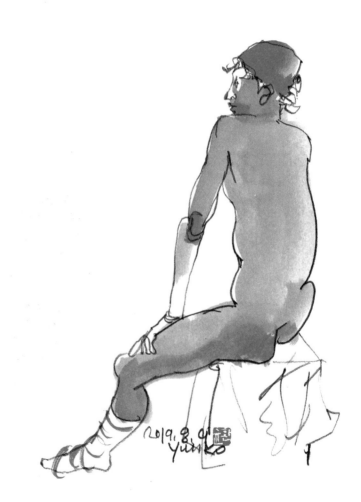

2019. 8. 01
Yumiko

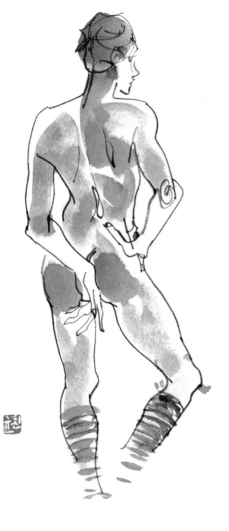

2019

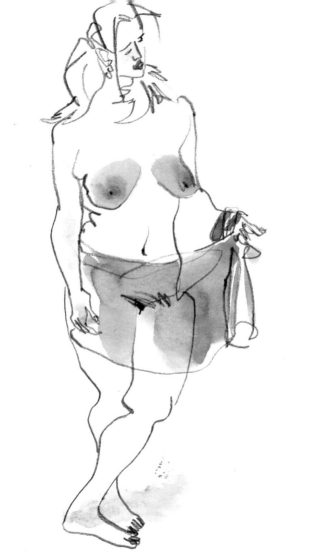

2019.9.16

2019.8.16
yunka

2019.8.16
yunko

2019.8

2019.8.16
yunko

2019.8.16
YUNKo

2019. 8. 16

2019.6.30
YUNKO

2019.9.30
윤희성

2019

2017

NUDE CROQUIS

14B Pencil & Water Color

크로키는 생활입니다
준비를 하고 그리기에는
시간이 너무 짧아요

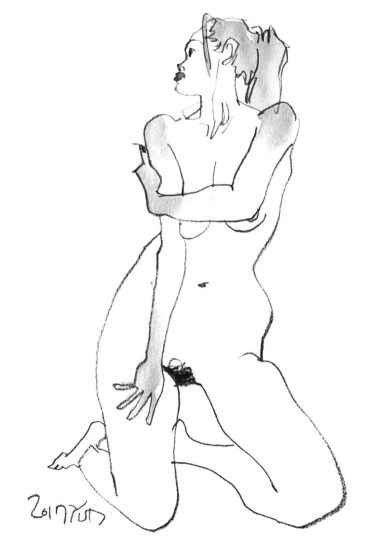

2017.1

2018.7.18
yunko

2016

2017.5.26 Y(署名)

서로에게
길들여진다는 건
세상에서
유일한 소중한
자산이 되는거지.

2018 YUN

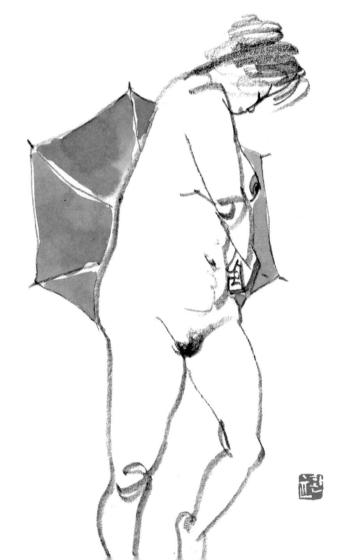

2019.1.9
YUri

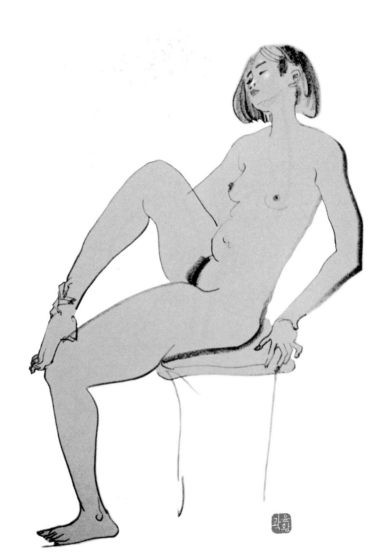

2018.
yuriK

2018.17.18
Yuriko

2018.7.14
yunke

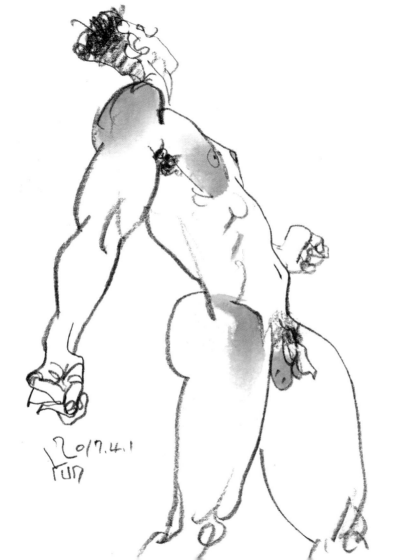

2017.4.1
Yun

2017 Yun

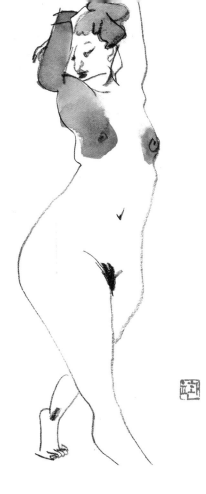

2017.4.5

2016

2016

2016

2016

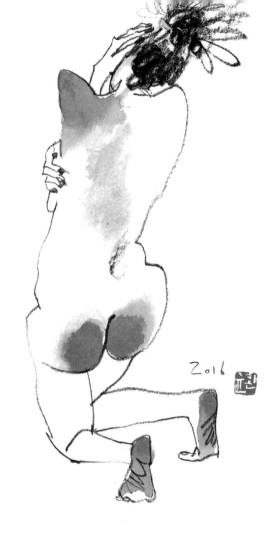

2016

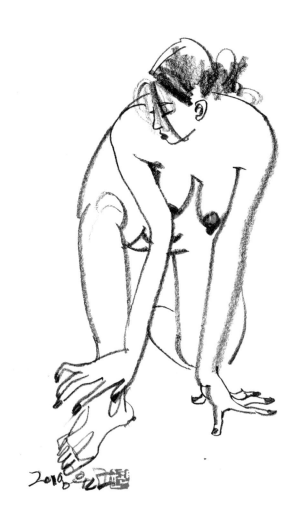

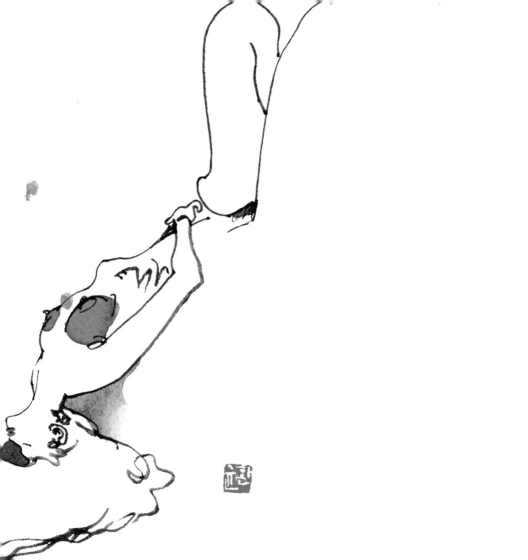

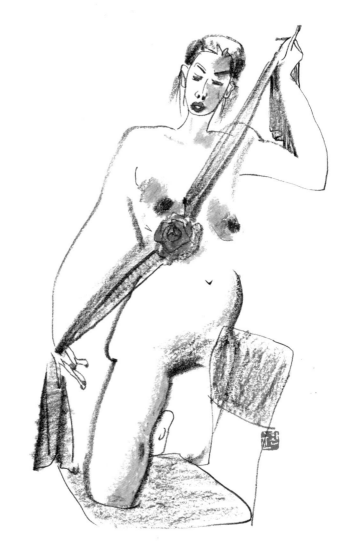

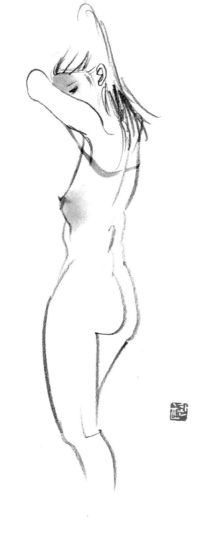

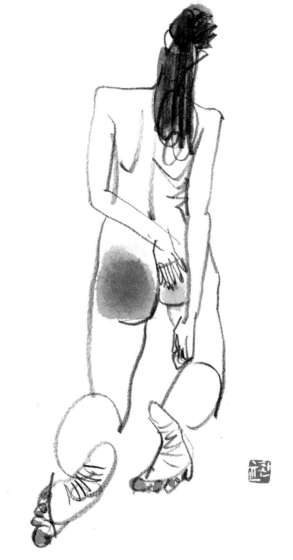

2018.1.746

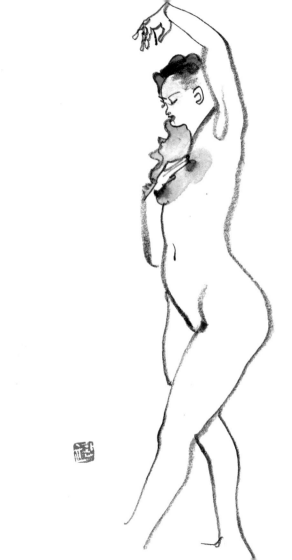

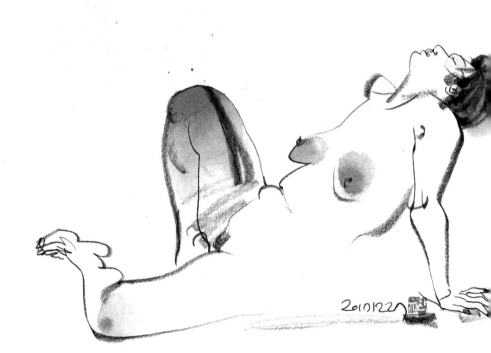

2010122

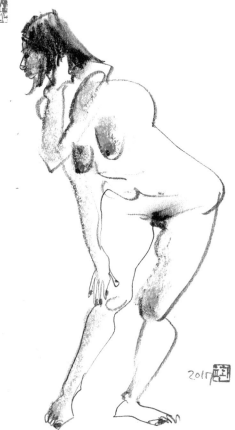

2018 Yun

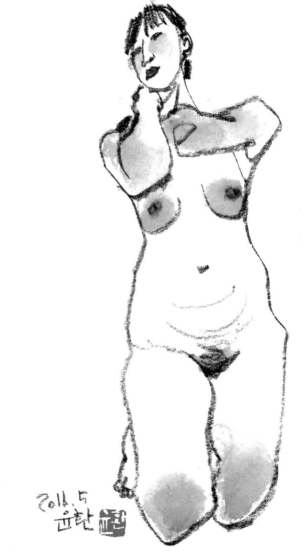

2011. 5
유한

2018.1.10

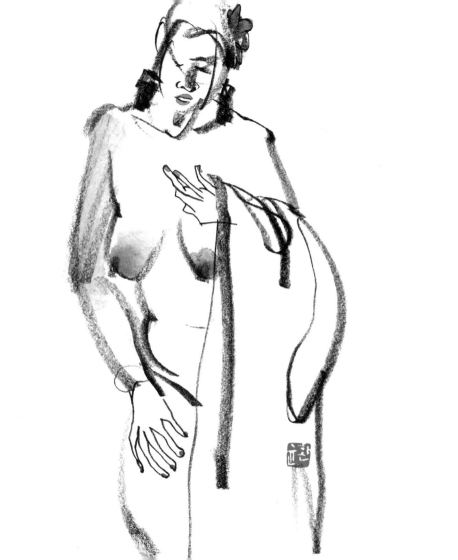

2019

2019

2019. 7. 26
유희

2 0 1 9 . 6 . 14
윤코

2019. 6. 14
윤코

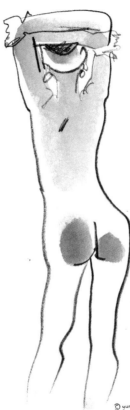

2 0 1 9 . 6 . 14
윤코

2019. 6. 14

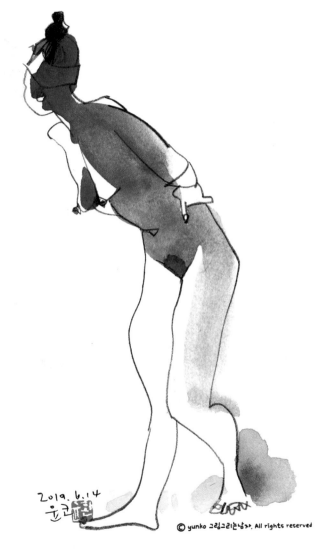

2019. 6. 14
윤크

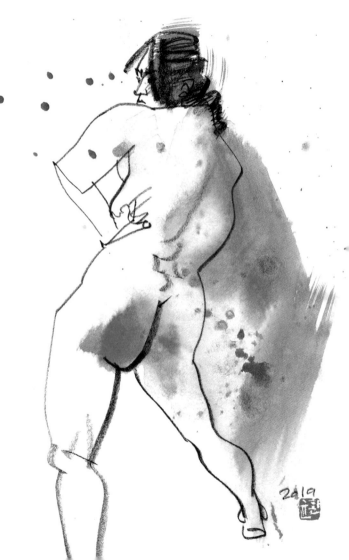

2019

2010

2019.4.10
YUNKA

2019

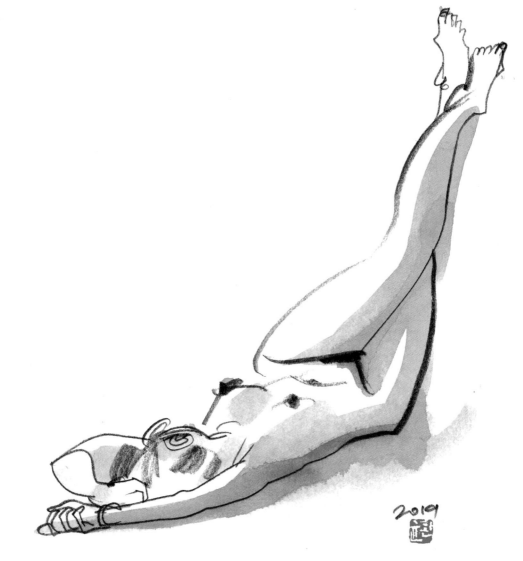

2019.6.16
yunka

2018.8.16
yunko

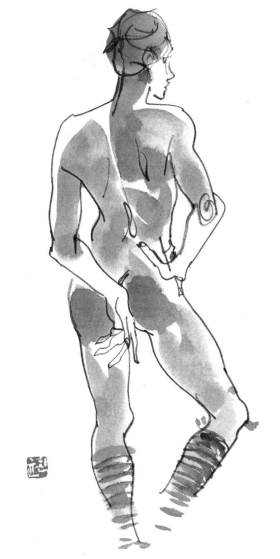

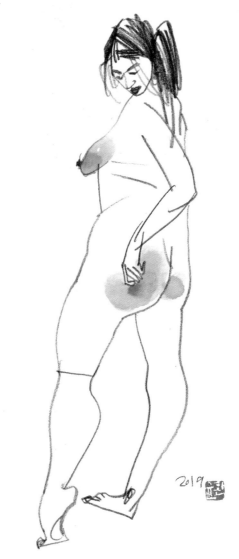

2019

"티튜브 구독, 좋아요"

2019.10.20
YUNKO

2019

2019

201 0

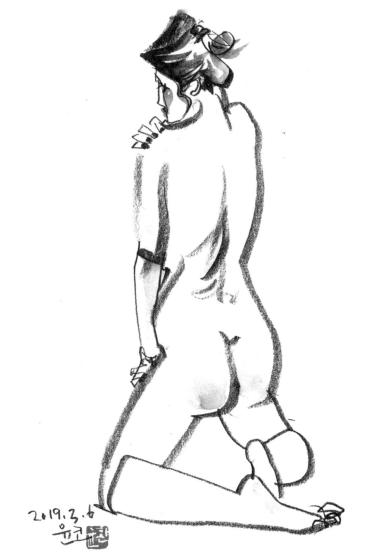

2019.3.6
윤고

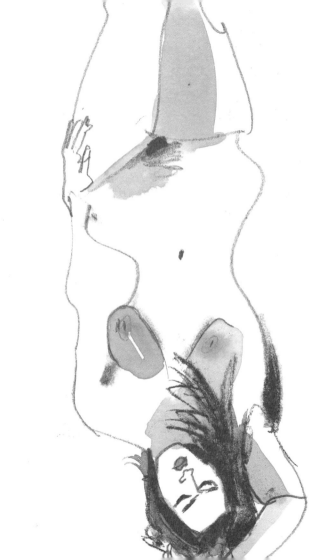

2013.1.10 YOD

2018 YUD

yunko 032

2017 YUH

2017

2019년 12월 25일 제1판 제1쇄 발행

지은이 곽윤환
펴낸이 강봉구

펴낸곳 북만손출판사
등록번호 제406-2018-000139호
주소 경기도 파주시 와석순환로 307, 1107-101호(목동동, 산내마을11단지 현대아이파크 아파트)
전화 070-4261-5925
팩스 0505-499-8560
홈페이지 http://www.bookmanson.co.kr

ⓒ곽윤환 redeye21c@naver.com

ISBN 979-11-90535-00-7 13650
값은 뒤표지에 있습니다.